AF300113

DECLARATION

DES

DROITS

DES ENFANTS

ET DES DEVOIRS DES PARENTS,

OU

PRÉFACE

NÉCESSAIRE

DE TOUT NOUVEAU

SYSTÈME D'ÉDUCATION.

Par G. V. Vasselin, secrétaire de correspondance au département de la justice.

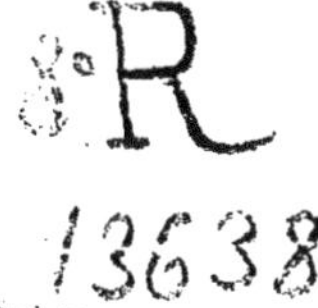

A PARIS,

Chez Desenne, libraire au Palais-Royal, N°. 1 et 2.

INTRODUCTION.

Lorsqu'il s'agira d'organiser l'éducation nationale, j'offrirai le tribut de mes idées sur trois questions fondamentales.

J'examinerai

1°. Si l'éducation doit être forcément publique, ou si l'on doit tolérer l'éducation privée.

2°. Si l'éducation publique doit être gratuite ; jusqu'où cette gratuité doit s'étendre ; à quels cas on doit l'appliquer.

3°. Si la religion catholique doit être enseignée exclusivement, dans les écoles publiques ?

Mais j'ai pensé que, préalablement à la solution de ces trois problèmes, il falloit établir une proposition incontestable, savoir : « que l'éducation est un devoir des parents.

envers leurs enfants, que si l'on admet une éducation publique et gratuite, ce n'est que pour le plus grand intérêt de la société; et que l'état, en se chargeant de l'éducation des enfants, ne fait que leur payer la dette qu'ils avoient droit d'exiger de leurs parents ».

Voici donc la déclaration des droits des enfants et des devoirs des parents. Ce doit être, selon moi, la préface de tout ouvrage sur l'éducation.

DÉCLARATION

DES

DROITS

DES ENFANTS

ET DES DEVOIRS DES PARENTS.

Moins les lois accorderont au despotisme paternel, plus il restera de force au sentiment et à la raison.

> MIRABEAU, discours sur l'égalité des partages dans les successions en ligne directe.

IDÉES PRÉLIMINAIRES.

Nous ne sommes pas encore accoutumés à ces mots : « devoirs des parents et droits des enfants ». C'eût été jusqu'à présent une espèce d'impiété que de soulever le voile religieux qui couvroit la puissance paternelle.

Il faut cependant rompre un silence d'autant plus coupable qu'il suffit de définir exactement ce qu'elle étoit parmi nous, pour prouver qu'elle doit être limitée, et que les droits des enfants, qu'aucune loi ne garantissoit, doivent être reconnûs et consacrés antérieurement à ceux des parents.

Cette matière est extrêmement délicate; non que les principes en soient douteux et difficiles à reconnoître pour qui veut être de bonne-foi, mais parce qu'il faut détruire de vieux préjugés consacrés par un usage immémorial, et presque légitimés par les lois constitutionnelles de quelques peuples.

On ne peut, en effet, se dissimuler que les lois de plusieurs nations donnent à la puissance paternelle une étendue démesurée.

Les Juifs avoient droit de vie et de mort sur leurs enfants, et Moïse leur avoit permis de vendre leurs filles pour esclaves ou pour concubines (1).

Les Parthes et les Arméniens pouvoient

____

(1) Deuter. chap. 21.

tuer leurs fils, leurs frères encore à marier, même parvenus à l'âge nubile (1).

Chez les Grecs et chez les Perses, le pouvoir d'un père sur ses enfants étoit aussi absolu que celui d'un maître sur ses esclaves (2).

Dans les pays où des eunuques sont commis à la garde des sérails, les lois autorisent un père à mutiler ses enfants, pour les vendre comme eunuques.

En Afrique, sur la côte des esclaves, les enfants ne paroissent qu'à genoux en présence de leur père, et sont traités comme des bêtes de somme (3).

Les Tartares vendent communément leurs enfants de l'un et de l'autre sexe. On tire de là les femmes et les eunuques destinés aux sérails et aux harems (4).

___

(1) Puffendorf, droit de la nature et des gens ; tom. 1. liv. 2.
(2) Aristot. Ethi. liv. 6. chap. 10.
(3) Prévost, liv. 10 chap. 3.
(4) Voyages de Chardin.

Le Czar Pierre adressa une déclaration publique au clergé, aux ordres civil et militaire de l'empire, et, « appelant au jugement de l'univers », il dit que, « selon toutes les lois divines et humaines », un père, même simple particulier, a le droit entier et absolu de juger ses propres enfants, « sans appel, et sans prendre l'avis de qui que ce soit (1).

Les Chinois, enfin, peuvent vendre, aliéner, mettre en gage leurs enfants, les exposer sur les places et dans les marchés, et les égorger ou noyer, à leur gré. Un père est toujours cru en justice contre son fils, et la loi le dispense de donner des preuves. Un fils, eût-il soixante ans, qui se permet une plaisanterie contre son père, est condamné à mort. S'il frappe, ou seulement menace son père, sa mère, ou même son oncle paternel, toute la province est bouleversée, et l'empereur devient alors le seul juge compétent; les mandarins qui devoient surveiller le coupable sont dé-

----

(1) Etat présent de la Russie.

posés

posés, et le prince les rend responsables de cet horrible attentat (1).

Les défenseurs de la puissance illimitée des pères pourroient encore étayer leur système de quelques monuments d'une férocité, non moins absurde. Il n'est que trop de pays infortunés où le despotisme, qui dénature tous les sentiments, altère tous les principes, et confond toutes les idées, fait un objet de haine et d'exécration du lien le plus légitime et le plus sacré de l'ordre social. Mais ces institutions répugnent à la sagesse et à l'humanité de nos législateurs; déja l'assemblée nationale constituante a décrété qu'à vingt et un ans un fils n'est plus soumis à la puissance paternelle, et que même, avant cet âge, un père ne peut le faire enfermer que pour un an, pour de très-fortes raisons, et sur un avis de parents. Dès lors, il est permis de présumer que les législatures suivantes proscriront le despotisme paternel, comme incompatible avec la liberté civile et politique.

____

(1) Lecomte, mémoire de la Chine.

B

J'écarterai donc, comme inutile et de pure érudition, cette foule d'exemples que l'histoire ancienne et moderne fournit, dans l'un et l'autre système; je me bornerai à décrire ce qu'étoit, parmi nous, la puissance paternelle, avant la révolution; puis j'examinerai les changements et les modifications qu'exigent les principes de notre nouvelle constitution.

CHAPITRE

PREMIER.

De ce qu'étoit, en France, la puissance paternelle, avant la révolution.

L'UNITÉ de loi est également nécessaire dans une république (1) et sous un despote absolu. La volonté générale doit régner seule sur des citoyens, comme un maître doit gouverner seul un troupeau d'esclaves.

Il n'en est pas ainsi de ces gouvernements féodaux, que Montesquieu décore du nom

____

(1) J'appelle république tout gouvernement institué librement par tous, pour l'intérêt de tous, soit que le peuple, se réservant exclusivement le pouvoir législatif, confie le pouvoir exécutif à plusieurs magistrats, soit qu'il le remette entre les mains d'un seul, soit que ce magistrat soit perpétuel ou momentané, soit qu'il soit électif ou héréditaire. Dans ce sens, notre gouvernement actuel est républicain.

de monarchie, et que de prétendus impar-
tiaux vouloient ressusciter parmi nous,
moins par attachement pour le prince que
par l'espoir insensé de recouvrer leurs
privilèges.

Cette monarchie de Montesquieu n'a
pu être inventée ni par un seul homme,
ni par un peuple entier. Un peuple entier
feroit un état populaire; un seul homme,
s'il veut être plus que citoyen, sera despote, et, même en régnant avec modération, se réservera toujours le pouvoir d'être
méchant.

Plusieurs petits rois ou seigneurs ont
reconnu, par force ou par intérêt, la suze-
raineté et la suprématie d'un prince moins
puissant que tous ensemble, mais plus fort
que chacun d'eux séparément. Telle est la
véritable origine des monarchies féodales.

Bientôt le nouveau monarque, qu'il con-
viendroit mieux d'appeler le grand sei-
gneur, regarda la puissance de ses vassaux
comme un obstacle à sa grandeur et à son
accroissement. Aussi vit-on, parmi nous,

succomber insensiblement les ducs ou
comtes de Bretagne, de la Marche, de
Bourgogne, de Valentinois, de Nemours,
de Normandie, d'Anjou, de Champagne,
et le roi de Paris s'élever seul sur leurs
débris.

Mais la même politique dut faire res-
pecter les engagements contractés avec les
provinces soumises à ces anciens seigneurs,
et surtout la liberté de vivre selon leurs
lois, coutumes et usages civils. Les violer
eût été le prétexte infaillible d'une insur-
rection ; les conserver étoit le moyen le
plus sûr d'éviter cette union, cette intelligence, cette fraternité, qui, faisant de
plusieurs provinces une seule nation, pouvoit seule leur conquérir la liberté. De
là,cette multitude prodigieuse de coutumes
qui régissoient la France.

Je n'entrerai point ici dans le détail de
tous les usages locaux, sur la puissance
paternelle. Je ne diviserai la France qu'en
pays de droit écrit et en pays coutumier;et
dans cette seconde partie, je ne ferai men-
tion que du droit commun, sans parler des

exceptions et des privilèges de quelques cantons.

§. I.

De la puissance paternelle, en pays de droit écrit.

Romulus, fondateur d'une ville libre, mais despote aussi absolu qu'un brigand peut l'être avec ses égaux, crut qu'un état formé pour la guerre ne pouvoit s'affermir que par des moyens violents, et surtout qu'il falloit une extrême sévérité, pour contenir une jeunesse bouillante et indisciplinée. En conséquence, il déclara les enfants la propriété des pères, et permit à ceux-ci de les exposer, de les vendre jusqu'à trois fois, et même de les immoler à leurs moindres caprices (1).

Les Décemvirs, dont l'ouvrage n'est qu'une compilation des lois d'Athènes, autorisèrent expressément l'infanticide (2). Quelques critiques ont soutenu, mais sans

____

(1) Dyon. halyc. lib. 2ı.

(2) « Suprema parentum in liberos potestas esto ; occidere, venumdare liceto.

le moindre fondement, que les Romains n'exercèrent jamais, au moins arbitrairement, le droit de vie et de mort sur leurs enfants. Il est vrai que le fier Manlius eut à peine déposé la pourpre et les faisceaux de la dictature qu'il fut traduit devant le peuple, par le tribun Marcus Pomponius, pour avoir traité son fils trop durement, en le faisant travailler à la terre avec ses esclaves ; mais il est aussi certain que, lors de la conjuration de Catilina, le sénateur *** rappela son fils, parti pour se joindre à l'armée rebelle, et le fit mourir de sa seule autorité.

Quoiqu'il en soit, les empereurs Trajan (1), Adrien (2), et Alexandre Sévère (3) attaquèrent, par des lois extrêmement sages, ce droit exorbitant de vie et de mort, et le réduisirent enfin à un châtiment modéré.

---

(1) Leg. ult. dig. « si a parente quis manumissus etc ».
(2) Leg. 5, dig. « de leg. pomp. de Parric. »
(3) Leg. 3, cod. « de patr. potes. »

Je ne parlerai pas du droit de vendre ses enfants, jusqu'à trois fois « ter venumdare » droit affreux, qui, dès l'origine, se résolut en ventes imaginaires, dont l'émancipation étoit l'objet (1).

La troisième partie de la puissance accordée aux pères par Romulus et les Décemvirs (2) étoit plus réelle; et la loi qui ne composoit qu'une seule et même personne du père et du fils de famille fut toujours observée, sauf quelques exceptions introduites par les empereurs. Ce fut même à cette troisième partie que les dernières lois romaines réduisirent la puis-

---

(1) Leg. 1, cod. « de patribus qui filios distraxerunt ». Cependant Constantin permit à un père excessivement pauvre et dénué de tout moyen de subsistance de vendre son fils, au moment de ra naissance « sanguinolentum ». Mais le père ou le fils lui-même avoit la faculté de racheter sa liberté, en remettant le prix de la vente, ou en remettant un autre esclave. Leg. 2, cod. eod. tit.

(2) « Uti quisque pater-familias super pecuniâ tutelâve REI SUÆ legassit, ita jus esto ». leg. 12, tab.

sance paternelle, reçue dans nos pays de droit écrit.

Cette puissance paternelle produit plusieurs effets principaux.

Le premier est de faire jouir le père de l'usufruit de tous les biens de ses enfants, excepté 1°. les pécules castrense (1) et quasi castrense (2); 2°. les biens donnés par le prince ou la femme du prince (3); 3°. la part pour laquelle ces enfants ont succédé à leurs frères ou sœurs conjointement avec leur père (4); 4°. les donations ou legs faits au fils de famille, à condition que le père n'en auroit pas l'usu-

---

(1) Le pécule castrense est tout ce que le fils de famille a pu acquérir dans la profession des armes, et tout ce qui lui a été donné ou légué, à cause de cette profession. « Leg. 11, de pec. cas. »

(2) Le pécule quasi castrense est tout ce que le fils de famille peut gagner dans l'église, au barreau, ou à la cour du prince, par les charges et emplois qu'il y exerce. « Leg. 8, dig. id. »

(3) Leg. 7, cod. «de bonis quæ lib. »

(4) Novel. 8, cap. 2, « si verò etc. »

fruit; (1) 5°. les héritages, donations ou legs, à l'acceptation desquels le père a refusé d'autoriser son fils (2).

Le second est de rendre le père, qui marie un fils soumis à sa puissance, responsable de la dot de sa belle-fille, soit qu'il la reçoive lui-même, soit qu'il la laisse recevoir à son fils (3).

Le troisième est que les fils de famille ne peuvent valablement emprunter de l'argent, sans le consentement de leur père. Leurs obligations à cet égard sont absolument nulles (4). Il est cependant plusieurs exceptions à cette règle: 1°. lorsque le père a consenti au prêt fait à son fils, soit lors du prêt, soit depuis (5); 2°. lorsque l'argent emprunté par le fils de famille a tourné au profit du père (6); 3°. lorsque l'argent qu'il a emprunté, ne demeurant pas avec son père, lui a servi à subvenir

---

(1) Novel. 117, cap. 1.
(2) Leg. 8, cod. tit. 9.
(3) Argou, chap. 4.
(4) Leg. 1, dig. « de sen. mac. »
(5) Leg. 7, cod. id.
(6) Leg. 7, dig. eod. tit.

à des dépenses indispensables , auxquelles la piété paternelle ne pouvoit pas se refuser , soit pour les études , soit pour les fonctions d'une charge (1); 4°. lorsque le fils de famille passoit publiquement pour père de famille , et que le prêteur n'a pu savoir qu'il traitoit avec un fils de famille (2); 5°. enfin, lorsque le fils de famille est dans la profession des armes ; car la loi présume alors que ce prêt a eu pour objet des dépenses relatives à sa profession, et que l'intérêt du service l'exigeoit (3).

Le quatrième est qu'il est défendu au fils de famille de tester , même du consentement de son père, à l'exception des pécules castrenses , et quasi castrenses, dont il a la libre disposition (4).

Le cinquième est que le père ne peut faire de donations entre-vifs au profit de

---

(1) Leg. 5 , cod. id.

(2) Leg. 3 , dig. id.

(3) Leg. 7. cod. id. On reconnoit bien là les ménagements honteux des despotes romains , pour l'armée qui les couronnoit ou les détrônoit à son gré.

(4) Ins. just. lib. 2 , tit. 12.

ses enfants, si ce n'est par contrat de mariage. Toutes les autres donations que le père fait à ses enfants, sont réputées donations à cause de mort, quoiqu'elles soient conçues entre-vifs. Il les peut toujours révoquer, et elles ne sont confirmées que par sa mort (2).

Le sixième est de donner au père, en émancipant son fils, l'usufruit de la moitié de tous les biens que le fils possède, lors de l'émancipation (2).

Le septième, enfin, est que tous les biens d'un père de famille appartiennent de droit aux fils qui étoient sous sa puissance, lors de son décès, à moins qu'ils n'aient été déshérités légalement. (3).

____

(1) Leg. 25, cod. « de donat. ntl. vir. et uxor. »

(2) Inst. just. « per quas personas nobis acquiritur.

(3) Inst. just. lib. 2, tit. 13. C'est à regret que je me sers de deux mots qui m'ont toujours paru impliquer contradiction. Je n'ai jamais vu dans l'exhérédation que la subversion de toutes les lois de la nature et de la raison. Ce n'est, d'abord, qu'un abus du droit de tester, qui, lui-même, est

Tels sont les principaux effets de la puissance paternelle, dans nos pays de droit écrit. J'ai négligé une foule de détails, qui appartiennent plus à la jurisprudence qu'à la politique ; mais je n'ai pas cru les devoir

---

une extension abusive du droit de propriété. En second lieu, c'est précisément le contraire ed ce que doit être une punition. Qu'est-ce, en effet, qu'une punition ? C'est la répression exemplaire d'un délit ou d'une faute ; d'où il suit que le temps et le lieu d'une punition doiven^{t} être, autant que possible, rapprochés du temps et du lieu du délit ou de la faute. Qu'est-ce maintenant que l'exhérédation ? C'est une peine infligée dix ans, quinze ans et quelquefois trente ans après la faute commise. Ainsi qu'un voleur de grand chemin, qu'un assassin, qu'un parricide échappent, pendant vingt ans, au glaive des lois, les lois ont tout oublié ; toute poursuite est défendue contre ces vils criminels. Mais qu'un fils se marie, sans le consentement de son père, c'est envain que, depuis cette époque, il mènera la vie la plus pure et la plus irréprochable, c'est envain que, par des services signalés, il méritera la reconnoissance de ses concitoyens, si son père, en mourant, se ressouvient encore de sa faute, et ne révoque pas l'arrêt fatal, à cinquante ans, il est « déshérité légalement » pour une faute commise à vingt-six ans. L'exhérédation ne se prescrit pas.

supprimer tous. Cette législation est la plus étendue et la mieux circonstanciée que nous connoissions sur cette matière. Je conviens que la plupart de ses dispositions ne sont que des monuments d'absurdité, d'injustice et de tyrannie ; on peut cependant y remarquer des exceptions, qui feroient honneur à un peuple chez qui la liberté seroit le fruit de la raison, des lumières et de la philosophie. J'aurai occasion de les rappeler. Je passe à l'examen de nos pays coutumiers.

<h2 style="text-align:center">§. I I.</h2>

De la puissance paternelle, en pays coutumier.

S'il faut chercher dans les forêts de Germanie les mœurs et les lois des premiers Francs, nous y verrons qu'à l'exemple des premiers Romains, ils avoient droit de vie et de mort sur leurs enfants (1). Néanmoins cette férocité s'est insensiblement modérée ; mais il n'est pas vrai qu'en pays coutumier, la puissance paternelle soit restreinte à la seule étendue que lui donne le droit naturel.

---

(1) Cæsar de bello gallico. lib. 6.

Quelques instituteurs de droit françois n'ont pas rougi d'avancer que, dans cette partie de la France, les pères n'ont guères plus de pouvoir sur leurs enfants que les tuteurs sur leurs pupilles (1) ; mais la fausseté de cette assertion n'est que trop évidente.

La puissance paternelle, en pays coutumier, se borne , dit-on , à deux points : 1°. au pouvoir qu'ont les pères et les mères de gouverner avec autorité la personne de leurs enfants , et d'administrer leurs biens, jusqu'à ce qu'ils soient majeurs ou émancipés par lettres du prince (2) ; 2°. aux devoirs de respect et d'obéissance que les pères et les mères ont droit d'exiger de leurs enfants, même après que ceux de l'obéissance et de la soumission ne subsistent plus (1).

Mais je prie mes lecteurs de suspendre , un instant, leur opinion, et d'examiner

---

(1) Prévost de la Jannes, tom. 1, p. 13.

(2) Id. id. id.

(1) Id. pag. 13 et 44. Je suis encore à concevoir comment il se peut faire que les pères et les mères aient DROIT d'exiger de leurs enfants

avec moi les conséquences affreuses que l'on fait résulter de cette puissance paternelle ainsi définie.

1°. Les pères et mères ont un droit de correction sur leurs enfants, et peuvent même, sous le prétexte d'indocilité, les

---

le respect et l'obéissance. L'obéissance et le respect ne sauroient être des devoirs naturels ; les devoirs ne peuvent naître que des obligations ; or, il n'est pas d'obligation naturelle qui puisse forcer les enfants à l'obéissance et au respect. En effet, s'il est vrai que les parents ne font qu'acquitter une dette naturelle, en donnant à leurs enfants la subsistance et l'éducation, comment pourroit-il en résulter un devoir pour leurs enfants ? Le paiement d'une dette légitime ne peut jamais imposer des devoirs au créancier satisfait. Les lois civiles doivent, il est vrai, modifier quelquefois le droit naturel ; et l'ordre public exige que la loi positive investisse les parents d'une force légale, assez puissante pour contraindre les enfants peu éclairés sur leurs vrais intérêts, à recevoir le paiement de la dette paternelle de la manière la plus avantageuse pour eux. Et comme le débiteur qui remplit fidèlement un engagement volontaire a des droits à la protection publique, il faut encore des lois qui répriment sévèrement la violation du respect social. Mais il ne faut pas oublier que ces

faire enfermer dans des maisons de force ;
le père le peut , de sa seule autorit` : la
mère doit se munir d'une ordonnance du
juge (1).

2°. Les enfants ne peuvent se marier, sans
le consentement de leurs parents , et ils
sont obligés de le requérir, à quelque âge
que ce soit. Les garçons majeurs de 3o
ans et les filles de 25 doivent faire des sommations respectueuses ; et, s'ils manquent à
ce devoir, leur mariage est valable, mais
ils sont sujets à la peine d'exhérédation (2).
Ce défaut de sommations respectueuses
est aussi une cause d'ingratitude , pour
laquelle les pères et mères peuvent révo-

____

droits accordés aux parents par les lois civiles,
loin de leur être personnels ; ne sont pour eux
que des moyens légaux d'exercer la magistrature
qui leur est confiée. Et ce n'est que comme citoyens, soumis particulièrement à cette magistrature , que les enfants ont des devoirs à remplir.

(1) Pothier , traité des personnes, tit. 6. sect. 2.
Ce droit exorbitant n'existe plus. Un père ne peut
faire enfermer son enfant qu'avant vingt et un
ans , pour une faute très-grave, par avis de
parents homologué par le tribunal de district ,
et pour une année seulement.

(2) Déclaration de 1639 , art. 27.

D

quer les donations qu'ils auroient faites à leurs enfants (1). Les femmes majeures, quoiques veuves, sont pareillement sujettes à l'exhérédation, lorsqu'elles n'ont pas requis le consentement de leurs pères et mères pour le second mariage (2). Les garçons au dessous de trente ans et les filles au dessous de 25 n'ont pas même le droit de faire des sommations respectueuses; ils doivent obtenir ce consentement, sous peine d'exhérédation. Il y a plus, leur mariage est présumé entaché du vice de séduction ; et, sur l'appel comme d'abus qu'en interpellent les pères et mères, il et déclaré nul et abusif (3). Ces mêmes mineurs sont déclarés de fait, eux et leurs enfants qui naîtront de ce mariage, indignes de toute succession directe et collatérale et de tous les avantages portés par les coutumes, même du droit de légitime (4).

---

(1) Edit de 1556.

(2) Edit de mars 1697.

(3) Ordonnance de Blois , art. 40, 41 , et 2 Ordonnance de 1626 art. 32. Ordonnance d 1639, art. 1.

(4) Edit de 1639 , art. 11.

Je snpprime toute réflexion sur ces lois insensées , je laisse à mes lecteurs le soin d'apprécier cette assertion : « que, dans nos pays coutumiers, la puissance paternelle est restreinte à la seule étendue que lui donne le droit naturel ».

J'observerai seulement qu'aucun article de nos coutumes , aucune ordonnance de nos rois n'ont consacré les droits des enfants, qui cependant sont antérieurs à ceux des parents, puisque la dette filiale ne peut exister que par l'acquittement de la dette paternelle.

Passons donc sous silence nos honteuses annales ; ne consultons que le code éternel de la justice. Ce n'est pas dans les champs de l'esclavage qu'il faut chercher les fruits de la liberté ; et la déclaration des droits de l'homme peut seule faire espérer la déclaration des droits des enfants.

CHAPITRE
SECOND.

Déclaration des droits des enfants, d'après celle des droits de l'homme.

. . . . Incedo per ignes
Suppositos cineri doloso.

S'IL est des obligations purement naturelles, si l'homme a des devoirs à remplir antérieurement à la formation des sociétés, la première de ces obligations, et le plus essentiel de ces devoirs sont sans contredit de nourrir ses enfants, et de les mettre en état d'exister par eux-mêmes.

Qu'on appelle nature, instinct, ou de tel nom aussi peu intelligible, cet attachement inconcevable, et je dirois presque involontaire de tous les êtres vivants pour ceux qui tiennent d'eux l'existence; qu'on explique, si l'on peut, ce changement immanquable qui s'opère dans tout animal qui vient de procréer son semblable, cette nouvelle manière d'exister, qui donne de la hardiesse aux moins courageux, de la force aux plus foibles, et de l'adresse aux moins industrieux, ce sacrifice enfin de toutes ses jouissances, de tous ses penchants, de toutes ses habitudes et même de sa propre subsistance, pour nourrir et élever les siens; il me suffit que, dans tous les animaux qui n'ont ni conscience ni entendement, cet amour des pères et des mères pour leurs petits soit universel, et ne puisse être ni l'effet du sentiment, ni le résultat d'une convention; et j'en conclus que l'homme, qui ne diffère, ou au moins ne doit différer des animaux déraisonnables que par une exactitude plus scrupuleuse et mieux combinée à se soumettre aux lois de la nature, ne peut manquer à l'obligation de nourrir et élever ses enfants, sans se rabaisser au-dessous du dernier de ces animaux, et je ne dis pas seulement sans perdre tous ses droits à la protection ou à la pitié des autres hommes, mais sans mériter de cesser d'être.

Il est peu honorable pour l'espèce humaine et surtout pour la société que cette assertion ait besoin d'être prouvée, et que l'abus de la raison nous ait induits dans des erreurs inconnues aux animaux qui n'ont pas de volonté; mais tel est l'état des choses, qu'on appelle vertu le paiement de la dette la plus légitime et la plus sacrée, et que l'homme social se fait un mérite de remplir un devoir, dont l'homme de la nature ne pourroit se dispenser, sans forfaire aux conditions de son existence.

Rappelons donc à l'homme des lois qui lui sont imposées, par cela seul qu'il respire, ces lois que la société n'a pu abroger, et vers l'observation desquelles nos vœux et nos travaux doivent toujours être dirigés, quelque mode d'existence et quelque genre de vie que notre intérêt nous fasse adopter.

De tous les animaux il n'en est pas de moins habile que l'homme à exister par lui-même dans ses premières années; mais il ne s'ensuit pas que nous devions être obligés envers ceux qui prennent soin de notre enfance. J'en tire une conséquence bien opposée; c'est qu'en donnant la vie à des enfants , nous contractons envers eux une obligation, dont nous ne pouvons refuser le paiement , sans crime.

Je m'explique :

Exister, a dit Montesquieu , exister encore, exister toujours est le bonheur suprême. Mais c'est plutôt une image brillante qu'une pensée juste. Quoiqu'au premier aspect , il paroisse ridicule de dire sérieusement que nous n'avons pas demandé à naître , il est cependant vrai que , si nous avons intérêt de nous conserver, nous n'avions pas besoin d'exister. Ce n'est jamais que pour notre intérêt personnel que nous avons des enfants. C'est toujours à la passion du moment , à l'amour propre , ou à l'ambition qu'ils doivent leur naissance. Souvent ils sont le fruit imprévu du plaisir ; quelquefois ils ne sont pour le père et la mère qu'une image vivante de l'un et de l'autre, un appui pour leur vieillesse , un point de ralliement dans la prospérité , un objet de consolation dans l'infortune , un moyen de réconciliation dans leurs querelles ; plus communément ils ne sont destinés qu'à perpétuer notre nom ; nous croyons alors doubler notre existence, et nous soustraire au néant, en revivant en d'autres nous-mêmes.

Mais cet enfant, que nous n'avons eu que pour nous, si nous l'abandonnons, à sa naissance, il ne sera né que pour mourir ; ou ce qui est plus commun, si nous ne l'élevons que pour nous, si nous lui donnons une éducation négligée, si, contents de lui procurer une subsistance momentanée, nous n'en faisons que l'instrument de nos projets, inutile à lui-même et à la société, il ne sera né que pour souffrir, et c'est à nous qu'il imputera ses malheurs, c'est à nous qu'il reprochera sa naissance, c'est à nous qu'il demandera un compte rigoureux de tous les moments de sa vie où il voudroit ne pas exister. Je n'ai donc rien avancé d'exagéré, en disant que l'homme, en procréant son semblable, contracte une dette, au paiement de laquelle il ne peut se refuser, sans crime.

Ce principe, une fois admis, que nourrir et élever ses enfants, est pour tous les

hommes

hommes d'une obligation indispensable ;
il ne s'agit plus que de déterminer la nature
et l'étendue de cette obligation.

Pour moi, je pense qu'un père n'est
quitte avec ses enfants qu'après leur avoir
donné une éducation proportionnée à
ses moyens, analogue à leurs facultés, et
uniforme pour tous.

§. I.

Que l'éducation doit être proportionnée aux moyens des parents.

En vain voudroit-on pallier cette vérité
par des subterfuges, et des lieux communs
sur la libre disposition de nos biens. Nos
biens, je l'avoue, nous appartiennent tout
entiers, tant qu'il n'existe de notre part
aucun engagement réel. Mais, au même
instant que nous donnons le jour à des
êtres qui, de longtemps, ne pourront subsister par eux-mêmes, il se fait, selon les
lois de la nature, et devroit se faire, selon
les lois de la société, un partage de nos
propriétés et même du prix de nos sueurs.
Je connois des lois qui déclarent toute dona-

tion révocable IPSO FACTO, par la survenance d'un enfant ; mais il n'en est pas qui interdise à tout citoyen devenu père la libre disposition de ses richesses. Cette loi, despotique en apparence, seroit cependant juste, utile et nécessaire. Il seroit à désirer qu'un père fût contraint d'assigner à chaque enfant nouveau né une certaine portion de ses fonds, et même de ses revenus, ou au moins d'employer à son éducation la quotité qui lui seroit allouée, si le partage avoit lieu.

Déja l'on peut voir que par éducation je n'entends pas une subsistance momentanée, mais le moyen de vivre seul, je ne dis pas par une fortune acquise, mais par son travail, et surtout indépendamment des secours étrangers. Les villes fournissent une infinité d'exemples de parents qui, n'aimant leurs enfants que pour eux-mêmes, n'épargnent rien pour leur nourriture, leur entretien et même leurs plaisirs ; mais à condition qu'ils ne les quitteront jamais, et leur donnent des talents agréables, mais aucun d'utile, ou au moins ne leur permettent pas de les exercer. Hé bien, je dis avec assurance que ces parents-là , loin d'aimer leurs enfants , sont leurs plus cruels ennemis. Que m'importe, en effet , de traîner , chez mon père , même au sein de l'abondance , une jeunesse desséchée par l'oisiveté, et trop souvent épuisée par les plaisirs ? Que deviendrai-je , si quelque malheur imprévu , mais trop commun, leur ravit ces biens, seuls garants de mon existence ? Que ferai-je même de cette fortune, si je ne sais pas en jouir ? En quoi serai-je utile à ma patrie ? Je consommerai toujours, et ne produirai jamais ; tel est l'avenir honteux dont l'égoïsme cruel de mes parents m'offre la perspective. Ce devroit donc être une loi constitutionelle de l'empire qu'un père apprît à ses enfants un état quelconque. Si mes parents , accoutumés à vivre du travail de leurs mains , n'ont point eux-mêmes d'autre ressource , je ne puis exiger d'eux que la transmission d'un métier, mais il ne leur doit être permis de m'abandonner qu'après m'avoir mis en possession de cet état. Si , mieux partagés du côté des faveurs de la fortune, ils ont cru devoir me donner une éducation plus dispendieuse , mais plus soignée et en quelque sorte plus relevée , m'instruire des arts libéraux , ou livrer ma jeunesse à l'étude des sciences ; si , par exemple , ils m'ont élevé pour occuper une place dans l'ordre judiciaire , il ne leur suffit pas de m'avoir fait acquérir les talents nécessaires pour remplir les fonctions de juge , d'homme de loi, ou d'avoué , ils ne cessent d'être obligés envers moi, qu'au moment où je puis vivre de mon état.

Solon étoit si fortement persuadé de cette nécessité de forcer les pères à donner à leurs enfants un état quelconque, qu'il avoit déclaré infâme tout citoyen qui manqueroit à ce devoir, et , dans ce cas , dispensoit les enfants de donner à leur père , vieux et infirme même, des secours alimentaires. Ce n'est pas que je voulusse introduire parmi nous cette loi qui répugne à l'humanité. Je ne voudrois même pas que des enfants pussent forcer leurs parents à leur donner une pension alimentaire ; car si ceux-ci persistoient dans leur refus, les enfants feroient-ils vendre leurs biens ? saisiroient - ils leurs revenus ? Non sans doute. La loi seroit donc illusoire. Voici

comme je viendrois au secours des enfants.
Je leur permettrois de contracter pour leur
nourriture, entretien, et exercice de leur
état des engagements, que les parents seroient tenus de remplir jusques à concurrence de la pension alimentaire, qu'ils doivent à leurs enfants. J'ordonnerois, que lors
de l'établissement par mariage d'un enfant et surtout d'une fille, ses parents lui
abandonnassent une portion de leur fortune, s'ils en ont d'acquise. J'insisterai surtout sur la nécessité d'assurer une dot
aux filles.

Je ne veux pas jouer ici le rôle d'adula-
teur outré des femmes que je respecte, mais
que je n'encense pas, et venger le sexe op-
primé, en déclamant contre le sexe oppres-
seur; mais je verrois avec douleur que notre
constitution, qui cependant est l'ouvrage
de la vraie philosophie, ne fît rien pour
cette intéressante partie de la société. Ce
ne sont pas des changements que nos législateurs ont à faire dans leur éducation, car
elles n'en ont jamais eu parmi nous, et jusqu'à présent nos mœurs n'ont eu d'autre

objet que de corrompre leur esprit, et dé-
praver leur cœur.

Ce n'est pas que je veuille les élever, à la
manière des hommes , et déformer leur
corps par des travaux manuels,ou dénaturer
leur esprit par l'application aux sciences
abstraites. Je pense, avec Montaigne ,(1)
que « la plus utile et honorable science et
occupation à une mère de famille est la
science du ménage. »Il est vrai cependant
qu'on pourroit semer de quelques fleurs
leur pénible carrière, ne plus leur faire un
mérite de l'ignorance et de l'oisiveté , cesser
d'assiéger leur enfance des imbécilles et
cruels préjugés du despotisme de la supers-
tition, les dépouiller du faux éclat des hon-
neurs honteux et des respects humiliants que
nous leur prodiguons, pour les rendre à leur
vraie dignité, et les nourrir de la morale
simple et facile d'une saine philosophie,
dont leur esprit n'est pas moins suscep-
tible que le nôtre. Enfin, ajouterai-je avec
d'Alembert , ne nous arrêtons pas seulement aux avantages que la société peut

---

(1) Essais , liv. 3, chap. IX.

tirer de l'éducation des femmes, ayons de plus l'humanité et la justice de ne pas leur refuser ce qui peut leur adoucir la vie comme à nous (1). Il est donc juste et humain de faciliter l'établissement des femmes en aliénant une portion de nos biens en leur faveur.

On a beaucoup vanté la sage coutume de Normandie, qui, par une imitation maladroite des premières lois romaines, privoit les femmes du droit de succéder. J'ai moi-même été séduit quelque temps par l'apparence de raison dont on cherchoit à étayer cette loi barbare. Je me disois qu'en la rendant générale, ses inconvénients seroient nuls, et que, par ce moyen, les obstacles que le défaut de fortune apporte ordinairement aux mariages des filles disparoîtroient aisément. Mais bientôt je me suis aperçu que c'étoit résoudre la difficulté comme ces magistrats à qui le succès d'une cause est indifférent, pourvu qu'elle soit jugée. J'ai reconnu qu'alors la beauté ou les talents agréables décideroient,

____

(1) D'Alemb. Mélanges, tom. II.

seuls, du sort d'une femme, et que celle à qui la naissance auroit donné l'espoir légitime de l'opulence et des grandeurs pourroit trouver un parti moins brillant qu'une autre née dans un rang obscur et de parents peu fortunés. Or, je ne crois pas qu'on puisse jamais composer avec l'équité ; et les sophismes qui combattent la justice me paroissent inexcusables. Ainsi, loin d'ôter aux femmes la faculté de succéder, j'accorderois à leurs maris le droit d'exiger de leurs parens une dot suffisante. Mais ce seroit mal saisir mon idée que de conclure que je veux favoriser les filles au préjudice des garçons. Le seul avantage que je ferois aux femmes seroit de forcer leurs pères et mères à se dessaisir, en leur faveur, d'une portion de leurs fonds ; mais j'exigerois qu'il se trouvât dans l'héritage des parents une compensation proportionnée à la dot de leurs sœurs ; et, à défaut de cette compensation, que les filles fussent tenues de rapporter ce qui leur a été avancé jusqu'à concurrence d'une distribution égale des biens paternels et maternels entre tous les enfants. Toutefois s'il ne me paroît pas convenant d'accorder

aux

aux garçons la même action qu'aux filles ;
pour exiger une dot de leurs parents, je
crois pouvoir dire, avec Montaigne: « Quant
« à moi, je trouve que c'est cruauté et
« injustice de ne pas les recevoir au partage
« et société de nos biens, et compagnons
« en l'intelligence de nos affaires domes-
« tiques, quand ils en sont capables, et de
« ne retrancher et resserrer nos commo-
« dités, pour pourvoir aux leurs, puisque
« nous les avons engendrés à cet effet;
« c'est injustice de voir qu'un père vieil,
« cassé, demi-mort, jouisse seul, à un coin
» du foyer, de biens qui suffiroient à
» l'entretien et avancement de plusieurs
« enfants, et qu'il les laisse cependant, par
« faute de moyens, perdre leurs meilleures
« années, sans se pousser au service pu-
« blic et connoissance des hommes (1) ».

____

(1) Essais, liv. II, chap. VIII.

F

§. I I.

De la conformité de l'éducation au goût et au caractère des enfants.

C'EST, je crois, chez les Egyptiens qu'il étoit défendu aux enfants de suivre d'autre état que celui de leur père. Je n'ai jamais pu deviner le motif de cette loi bizarre. J'y vois une foule d'inconvénients, et ne saurois y soupçonner le plus léger avantage pour la société. Le législateur auroit-il voulu maintenir l'égalité dans les familles, et prévenir l'ambition démesurée de ces enfants ingrats, qui, dédaignant les moyens de travail dont leur père s'est servi si utilement pour élever leur jeunesse, et leur acquérir une fortune au dessus de la médiocrité, portent leurs vues à des professions plus distinguées; et du faîte de la grandeur, qu'ils ne doivent qu'à leurs parents, les accablent d'une pitié superbe? Mais il me semble que c'est remédier par un forfait contre la société, à un mal particulier, d'où il ne peut résulter qu'un foible dommage pour la chose publique. En effet, n'est-il pas évident que cette prohibition est le plus sûr moyen d'éteindre dans tous les cœurs cette émulation d'où dépend la prospérité des états ? La richesse est l'ame des grandes sociétés, et le travail est la source de la richesse. Mais il faut un puissant motif pour se livrer au travail, lorsqu'il ne s'agit pas des objets de première nécessité. Citoyen ou sujet, l'homme est toujours plus ou moins ambitieux ; la modération ne fut jamais son caractère; s'élever sans cesse est son premier besoin. Dans toutes ses entreprises il est dirigé par une idée de perfection au dessus de ses forces, et qu'il ne conçoit même pas, mais qui, seule, le soutient et l'encourage. Toujours il porte ses vues beaucoup plus loin qu'il ne peut atteindre, et, s'il croyoit n'arriver que jusque-là, jamais il n'y parviendroit, parce qu'il n'en prendroit pas la peine; le dégoût et l'indifférence attiédiroient son ame et suspendroient ses pas, au commencement de sa carrière. Des ambitieux, je le sais, s'égarent et se perdent dans leurs projets chimériques; mais leur mauvais succès ne sont funestes qu'à eux ; leur chute même est utile à la société, et leurs sueurs, stériles et infructueuses pour eux,

fécondent le sol de la patrie, qui s'engraisse
même du sang de ses enfants, lorsqu'il n'est
pas répandu par eux. Si donc vous cher-
chez à comprimer cette heureuse effervescence des esprits, si vous mettez des
entraves à cette ambition salutaire, mère
des grands hommes et des grandes actions;
en un mot, si, restreignant tous les citoyens à la profession de leur père, vous
desséchez l'industrie dans sa source, vous
empêchez la circulation du travail, vous
annihilez le commerce, vous arrêtez la
sève du génie, ou plutôt, veusen étouffez
le germe, vous coupez tous les nerfs du
corps politique, et vous paralysez tous les
membres, en les privant de leurs sucs nour-
riciers.

D'ailleurs, cette prohibition, considérée
sous le rapport de l'égalité politique, porte
une atteinte mortelle aux droits de l'homme,
dissout les liens de fraternité, nécessaires à
la constitution d'un peuple libre, et produit infailliblement ou le silence de l'esclavage, ou ces divisions intestines, sous lesquelles doit s'écrouler l'empire le mieux
organisé.

Alors cet égoïsme, destructeur de l'esprit

public , renaît dans toute sa force ; chaque
famille devient une corporation particulière ; la réunion des familles livrées aux
mêmes professions forme autant d'associa-
tions contre la chose publique , et la loi
qui condamne au même rang , au même
état , aux mêmes travaux , tous les individus de toutes les générations d'une seule
tige , est un flambeau de discorde , brûlant
d'un feu toujours plus ardent , et se rallu-
mant sans cesse au foyer de l'olygarchie·
Ce n'est plus une louable émulation qui
stimule chaque citoyen pour le bonheur de
tous ; c'est une basse jalousie , c'est la ri-
valité de professions , plus dangereuse que
celle des personnes , qui , propageant et lé-
gitimant la distinction avilissante des castes
nobles et des castes inférieures , consacre
et perpétue le préjugé de la naissance et des
états , proscrit le mérite individuel , et fait
rejaillir l'honneur ou l'infamie d'un citoyen
sur tous les individus d'une même famille ,
et sur toutes les familles d'une même caste·

Aussi n'ai-je jamais approuvé le système
du Mentor de Fénélon , qui, donnant des
lois à la nouvelle peuplade d'Idoménée ,

enchérit sur la loi d'Egypte, et la rend plus odieuse encore par la distinction constitutionelle des habits, dont la richesse augmente, à raison de l'estime accordée aux différentes professions, dont sont composées les sept castes de Salente.

Peut-être, me dira-t-on que personne n'a proposé d'établir dans notre nouvelle patrie la loi d'Egypte ou de Salente; mais je n'écris pas seulement pour combattre les lois qu'on peut craindre sur l'éducation; je voudrois déraciner les préjugés, plus terribles que les mauvaises lois, puisqu'ils empêchent l'exécution des bonnes. Or il faut convenir qu'il règne parmi nous, dans certaines classes de citoyens, un préjugé, qui, fondé sur l'orgueil, et fortifié par le despotisme paternel, interdit aux enfants toute profession plus ou moins distinguée que celle de leur père. Je ne veux pas, dit celui-ci, que mon fils soit plus que moi; j'ai vécu de mon état, il en vivra de même; si je le plaçois à un rang plus élevé que moi, il me mépriseroit, il oublieroit mes bienfaits, et peut-être auroit-il l'impudence de rougir de son père. Mes enfants, disoit ce noble, entiché de ses

trente-deux quartiers, tiennent à une famille illustre ; le premier, né pour l'agri-
ture et le commerce, n'a ni courage ni ambition ; mais sa primogéniture l'appelle à
ceindre l'épée ; il commandera des soldats,
qui, tous, vaudront mieux que lui; le second,
plus propre au métier des armes qu'au saint
ministère ira prêcher un évangile que sa
conduite combattra sans cesse ; le troisième,
enfin, paresseux, inactif et insouciant
sur ses propres affaires, exercera l'emploi
pénible et délicat de juger ses semblables.
C'est ainsi que les ténèbres d'une obscurité
coupable ont si longtemps récélé de grands
talents, qui, laissés à eux-mêmes, se fussent
développés de la manière la plus avantageuse
pour la société. C'est ainsi que nos armées
ont presque toujours été commandées par
des courtisans, nos évêchés et nos cures
remplis par des soldats, et nos tribunaux
occupés par des agioteurs, des savants et
des hommes de plaisir. Il n'étoit donc pas
déplacé de parler avec quelque étendue des
lois d'Egypte et de Salente, puisqu'elles
étoient réellement observées parmi nous.

Je suis effrayé, je l'avoue, de la tâche

immense que la nature et la société impo-
sent au citoyen assez courageux pour être
père; mais il n'en est pas d'une associa-
tion politique comme des sociétés par-
tielles où les profits sont à raison des
mises. Dans la société, plus un citoyen fait
de sacrifices à la patrie, plus il contracte
d'engagements indissolubles. Devenir père
est un premier service rendu à l'état; mais ce
titre est la source d'une infinité de devoirs,
qui, pour n'être pas tous du ressort des
lois, n'en sont pas moins sacrés. Ce n'est,
par exemple, qu'aux mœurs qu'il appartient de forcer un père à consulter le
goût, le caractère, les dispositions, et les
facultés physiques et morales, pour leur
assigner la place qui leur convient dans
l'ordre social. Il doit même ne pas écouter
le caprice de l'enthousiasme du moment,
et ne s'en rapporter qu'à une volonté cons-
tante et réfléchie. Il peut diriger les inclinations et en faciliter le développement,
mais sans jamais les contraindre ou les
suggérer. Enfin, la foiblesse doit être aussi
loin de son caractère que le despotisme.
Ici je me repose avec plaisir sur l'idée
consolante d'une éducation nationale. Nous

ne

ne verrons plus l'enfance surchargée de principes inutiles, obsédée de mensonges dangereux, égarée par l'impéritie des maîtres, découragée par la sécheresse des études, et révoltée ou flétrie par la sévérité des châtiments. Amis de leurs élèves, les maîtres allègeront le fardeau des pères, s'associeront à leur zèle, partageront leurs devoirs, et, croyant travailler pour leurs propres enfants, formeront des citoyens utiles à la patrie, et dont la profession n'aura pas été déterminée avant leur naissance.

Cette partie de la dette paternelle ne semble pas applicable à la moitié du genre humain. Les femmes, n'étant pas appelées par nos institutions à l'exercice des professions qui forment les différents rouages dont se compose la machine sociale, leur éducation paroît n'avoir d'autre objet que l'art d'être heureuses par elles-mêmes au sein de leur famille, et, dès-lors, il n'est pas besoin de consulter leurs goûts et leurs dispositions, qui sont les mêmes à cet égard chez tous les êtres pensants.

Mais il est dans la vie des femmes une

G

époque où c'est un véritable attentat à la liberté individuelle que de contraindre leurs inclinations. La ressource des vœux religieux est enlevée au despotisme paternel, et les pères tyrans ne peuvent plus ensevelir leurs filles infortunées dans le cachot des cloîtres. Mais il leur reste encore deux grands moyens d'abuser de leur autorité, savoir : le célibat et le mariage forcés.

Ce seroit peut-être une loi très-utile que celle qui défendroit aux parents de marier leurs filles avant 16 ans. Nous verrions moins de couches malheureuses, moins de femmes infirmes, moins d'enfants débiles et mal conformés, moins de jeunes gens efféminés, moins d'hommes vieux dans l'âge viril. Mais il est surtout trois lois de première nécessité que je ne cesserai de réclamer pour les femmes. En voici le projet.

ARTICLE PREMIER.

Les pères et mères pourront être tenus de donner à leurs filles, âgées de 20 ans, un mariage conforme à leurs inclinations, ou une pension analogue à leur fortune.

A r t. I I.

Toute fille pourra convoquer un tribunal de famille qui jugera le refus de ses père et mère de consentir au mariage qu'elle désire. L'autorisation du tribunal de famille suppléera au consentement des père et mère.

A r t. I I I.

Toute fille pourra dénoncer au tribunal de famille la violence que voudroient lui faire ses père et mère, en la mariant contre son goût. La dénonciation prouvée vaudra émancipation.

§. I I I.

De l'égalité de l'éducation.

Déja l'assemblée nationale a décrété l'égalité de succession AB INTESTAT, et, dans ce moment, tous les amis de la constitution attendent avec impatience un décret qui place les pères dans l'impossibilité d'avantager par testament quelqu'un de leurs enfants. L'uniformité de l'éducation me paroît une conséquence immédiate de ces deux lois. Je dirai même qu'elle me paroît plus importante. Je sens aussi vivement que personne les effets impolitiques autant qu'immoraux de l'inégalité de partage entre enfants qui succèdent au même père. J'ajouterai seulement qu'ils ont une application plus sensible à l'inégalité d'éducation.

Un sauvage, a-t-on dit, possède deux enfants, deux arcs et quatre flèches. S'il meurt, il laisse à chaque enfant un arc et deux flèches. Voilà le droit naturel.

Je conviens de la force de ce raisonnement, mais je le reprends dans mon système, et je dis : ce même sauvage, père de deux enfants, trop jeunes pour subsister par eux-mêmes, poursuit dans les forêts le sanglier, moins féroce que l'homme n'est adroit, et fait tomber à ses pieds le milan, dont le vol est moins prompt que la flèche n'est sûre. Revenu de sa chasse, donne-t-il sa proie tout entière à un seul de ses enfants ? Non sans doute. Il fait trois portions égales, et les deux enfants, assis avec leur père au pied du même arbre, partagent, sans distinction, sa nourriture et ses caresses. C'est donc désobéir à la loi naturelle que de prodiguer à l'un de ses enfants, je ne dis pas la subsistance, mais l'éducation dont on est avare pour les autres.

Je suis, a-t-on ajouté, blessé dans mes droits politiques, si la succession de mon père se partage inégalement entre mes frères et moi. Dès-lors, il est facile à mon père, que je suppose mauvais citoyen, de me placer dans l'impossibilité d'être utile à ma patrie, en représentant une partie de mes concitoyens à l'assemblée électorale. Il me dira : tu pourrois, par tes talents et tes vertus, rendre à la France d'importants services, et concourir au maintien d'une constitution dont je desire l'anéantissement ; je te prive de ma succession, tu ne paieras pas les journées de travail exigées pour arriver à l'assemblée électorale.

Je ne crois pas qu'on puisse démontrer plus évidemment l'absurdité de la loi qui permettroit aux pères d'avantager par testament quelqu'un de leurs enfants. Je passe à l'application. Tout n'est pas perdu pour celui qu'un père barbare dépouille de sa succession. C'est sans doute un grand obstacle à son éligibilité ; mais il a d'autres ressources. Il peut, par un travail assidu, par un zèle infatigable, par une bonne conduite habituelle, par une vertu sans tache acquérir une fortune suffisante au paiement des journées de travail. Il commencera plus tard sa carrière politique, mais il n'est pas déchu pour jamais de toute espérance. Combien est plus affreux le sort d'un enfant privé de l'éducation donnée à ses frères ! Doué de quelques dispositions, mais dépourvu de talents ; né avec de l'esprit, mais n'ayant point par devers lui de connoissances acquises ; laborieux, mais inepte au travail ; avide de gloire, mais inhabile à parcourir ses sentiers périlleux ; riche peut-être, mais sans autre expérience que celle du malheur, il pourroit légalement obtenir la confiance de ses concitoyens, mais il ne la méritera pas. Cependant les favoris de son père, moins heureusement nés, mais forts des travaux suivis d'une jeunesse cultivée, offriront aux suffrages de ces mêmes concitoyens, sinon des intentions plus pures, au moins l'avantage des talents.

Il est inutile d'insister plus longtemps sur la justice et la nécessité d'une éducation uniforme pour tous les enfants d'un même père ; ce sont-là des principes que personne n'essaiera de révoquer en doute. Mais il ne suffit pas qu'une loi soit utile et juste, il faut qu'elle soit praticable. Quelle est donc la manière d'atteindre les pères qui pourront refuser le paiement de cette dette sacrée ? La voici :

Solon avoit voulu que tous les citoyens, sans exception, eussent un état quelconque, et que des magistrats fussent préposés au maintien rigoureux de cette loi. Aussi l'histoire nous a-t-elle parlé de quelques citoyens qui, n'ayant pas de profession connue, furent traduits devant les magistrats, pour leur rendre compte des moyens qu'ils employoient pour vivre. A Sparte et chez les Perses, les enfants, une fois consacrés à la vie, n'étoient plus à la disposition de leurs parents ; l'état se chargeoit de leur éducation, et les élevoit tous, ensemble, également et indistinctement. Ces lois, je l'avoue, ont besoin de modifications ;

mais on peut facilement les accorder à notre nouveau gouvernement.

Sans vouloir préjuger ici le genre d'éducation que nous adopterons, nous avons au moins la certitude qu'il s'élèvera parmi nous, aux dépens de l'état, des gymnases, où l'adolescence et la jeunesse formées dans les principes de notre constitution, recevront des leçons et des exemples de liberté, de justice, de tempérance et d'égalité. Mais, dans le cas où l'on ne forceroit pas les pères à se dessaisir de l'éducation de leurs enfants, je pourvoirois à tous les inconvénients de l'éducation particulière, en établissant dans chaque canton, ou au moins dans chaque district, quelques censeurs à qui seroit confiée la surveillance générale de l'éducation. L'emploi pénible et délicat de ces nouveaux magistrats des mœurs ne se borneroit pas à la haute administration des gymnases et à la manutention de la grande police des établissements publics ; j'exigerois qu'il fût déposé entre leurs mains un regître fidèle de la naissance, de la mort de tous les enfants du district ou du canton. C'est à eux qu'appartiendroit la nomination

nation des tuteurs et des curateurs; ils seroient membres nés de tous les tribunaux de famille, et, je ne dis pas leur droit, mais leur premier devoir seroit, d'exiger de tous les parents un compte rigoureux des jeunes années de leurs enfants. Voilà, je crois, le seul moyen légitime de prévenir ou de réparer la funeste négligence et la partialité coupable de quelques pères, qui, jusqu'à présent, avoient paru hors la portée de la loi. Si cette idée paroît mériter d'être approfondie, j'entrerai dans quelques détails mieux circonstanciés, lorsqu'il s'agira d'organiser l'éducation. Maintenant je me borne à réfuter les principales objections que l'on fait contre la loi qui imposeroit aux pères des devoirs si rigoureux.

J'entends répéter, de toutes parts : cette détermination rigoureuse de la dette paternelle est au moins superflue. La nature a gravé ses lois dans tous les cœurs; il n'est pas besoin, pour les faire exécuter, du ressort pénible des institutions civiles, et l'amour paternel est le plus sûr garant de leur observation. D'ailleurs, ajoute t-on, l'amitié descend toujours, et ne remonte pas. On voit bien des fils ingrats, et l'on citeroit difficilement un père dénaturé. Donner aux enfants des droits à exercer contre leurs parents, c'est jeter à jamais dans les familles une pomme de discorde ; c'est substituer à l'amitié la défiance, la crainte, et, peut-être, la haine ; c'est remplacer le plus doux des penchants par les sentiments les plus douloureux et les plus importuns.

Il faut convenir que j'ai choisi un rôle bien désagréable. J'ai pris l'engagement de réfuter des erreurs qui plaisent, de combattre des préjugés despotiques qu'on appelle des sentiments naturels, de dissiper la plus ancienne illusion de nos cœurs, et de dire des vérités pour lesquelles tous les esprits ne sont pas assez mûrs, et qui, dès lors, seront traités de mensonges dangereux ou au moins d'hyperboles sophistiques. Mais je tiendrai ma parole, dût-on chercher, dans cet ouvrage, des motifs secrets et des allusions perfides, qui sont aussi loin de mon cœur que la calomnie.

J'observerai d'abord que cet axiome vul‑
gaire : que l'amitié descend et ne remonte
pas , n'est qu'un proverbe faux et trivial.
Veuillons, en effet, étudier le cœur hu‑
main , et suivre sa marche et son dévelop‑
pement, aux différentes époques de notre vie,
et nous verrons qu'il suffit du bon sens le
plus grossier pour condamner ce système
barbare. La jeunesse est une vraie cire
molle qui reçoit toute espèce d'impression
soit des personnes, soit des choses. C'est à
elle qu'appartiennent le délire de l'amour,
l'enthousiasme de l'amitié, les élans du pa‑
triotisme, les mouvements d'un cœur gé‑
néreux et sensible, l'héroïsme du courage
et le véritable accent de l'éloquence. Il est
encore vrai que les sentiments extraordi‑
naires lui sont plus naturels, et les grandes
actions plus faciles, en proportion de leur
noblesse et de leur pureté ; et que la dé‑
fiance, l'ingratitude, la vengeance réflé‑
chie, l'envie et la haine lui sont étrangères.
L'âge mûr, dégagé de l'effervescence des
passions , combine froidement ses opéra‑
tions ; mais aussi raisonne à froid sur tous
les sentiments. C'est alors que règnent, dans
toute leur force , l'ambition et la cupidité,

Déguisé sous les noms les plus spécieux, l'égoïsme les a fait naître, les entretient et les perpétue. Je sais que la véritable amitié n'est point inconnue à cet âge; mais c'est quand elle a pris naissance dans de jeunes cœurs; le temps alors renforce et resserre ses nœuds sacrés, et chaque jour lui donne un nouveau lustre; encore arrive-t-il quelquefois que ce sentiment, qui nous rapproche si près des intelligences célestes, est subordonné et même sacrifié à l'amour des richesses et à la soif des grandeurs. La vieillesse inféconde, et souvent insensible, ne se trace jamais de nouveaux chemins, et suit machinalement ceux qu'elle a toujours suivis. Les seules passions de cet âge sont la défiance, l'avarice et le désir de vivre; alors, on n'a que des sensations de mémoire et des sentiments d'habitude; on ne jouit pas, on a vécu; on n'existe que dans le passé; les noms de mari, de frère et de père ne sont plus que de vains mots, et nous savons avec quelle apathie le vieillard se voit arracher ceux qu'il appela ses amis pendant quatre-vingts ans. C'est donc une absurdité grossière que d'avancer, avec un ton dogmatique, que l'amour paternel est plus naturel et plus commun que la piété filiale. Cette idée même est un des malheureux effets du despotisme légal des parents ; et ce n'est pas le subterfuge le moins ingénieux des pères tyrans que de parler sans cesse de leur bonté, et de l'ingratitude de leurs enfants.

Mais, dira-t-on, n'est-il pas évidemment prouvé par l'expérience qu'il existe vingt fils ingrats contre un père dénaturé ? Ne sont-ce pas les enfants qui, tous les jours, attaquent dans les tribunaux la mémoire de leur père, et succombent sans cesse dans ce combat honteux ? Enfin ne sont-ce pas les pères qui, s'étant dépouillés eux-mêmes pour leurs enfants, sont forcés d'implorer la justice, pour révoquer leurs bienfaits ?

A ce reproche, plein d'amertume et de mauvaise foi, les réponses viennent en foule. Je dirai d'abord que, s'il est de mauvais fils, c'est qu'ils avoient eu de mauvais pères. En effet, soignez l'éducation de vos enfants ; veillez sur eux, en pères ; aimez les pour eux-mêmes ; ayez la patience d'être leurs premiers maîtres ; sévères sans dureté,

indulgents sans foiblesse , prévenez leurs
vices , corrigez leurs défauts , encouragez
leurs heureuses dispositions , récompensez
leurs succès, instruisez-les sans pédantisme,
faites leur aimer la saine morale de la philosophie ; mais surtout donnez leur de bons
exemples ; soyez devant eux bons maris ,
bons fils, bons frères, bons amis, bons
citoyens, et je vous promets des enfants
dignes de vous et de la société.

Je vais plus loin ; je veux dire toute la
vérité. Il règne parmi nous un préjugé trop
commun, qui fait regarder un père comme
propriétaire de ses enfants. Dès lors il a
pour eux toute la sévérité d'un pédagogue
et la fierté d'un despote. Rarement il fait
grace à leurs défauts, surtout lorsqu'il croit
apercevoir son autorité compromise. Les
grands mots de respect , d'obéissance, de
devoir sont de vrais talismans qu'il n'em-
ploie jamais inutilement ; un fils soupçonné
a tort, aussitôt ses concitoyens s'arment
contre lui; la partialité l'accuse, et la pré-
vention le condamne; les preuves les plus
claires de son innocence ne le rendent qu'a-
près longtemps à l'estime publique ; l'habi-

tude la plus longue des bonnes mœurs et d'une conduite exemplaire n'efface pas tous les soupçons; la plaie guérit quelquefois, mais la cicatrice reste toujours. Cependant, victime de la morgue paternelle, un fils n'ose pas faire éclater au dehors ses chagrins domestiques; la loi n'accueilleroit pas ses réclamations, la société le réprouveroit, et bientôt, travesti sous les noms odieux de blasphémateur impie, de calomniateur sacrilège, il paieroit de son déshonneur l'injustice de son père.

Voilà précisément l'erreur, ne cesse-t-on de répéter; un père n'est pas injuste, il ne calomnie pas ses enfants, et ne les accuse jamais d'un crime supposé. Je conviens qu'il n'est ni naturel ni ordinaire qu'un père calomnie ses enfants, et leur suppose des crimes qu'ils n'ont pas commis. Mais j'observerai que presque toutes les querelles de famille n'ont d'autres motifs que les fautes exagérées des enfants, et les défauts trop réels des pères eux-mêmes. J'ajouterai qu'il existe entre un père et ses enfants une source éternelle de divisions, je veux dire, le dissentiment d'opinions. En politique,

comme en législation, les idées les plus nouvelles sont communément les meilleures ; le
présent s'enrichit du passé, et chaque jour
rectifie les erreurs de la veille ; aussi doit-
on convenir qu'une constitution, quelque
parfaite qu'elle soit dans l'origine, ne peut,
également, convenir aux hommes du siècle
suivant. Locke avoit si bien senti cette vérité
qu'il avoit exigé que ses lois ne fussent observées qu'un siècle. Mais il faut remarquer
que ce ne sont jamais les mêmes hommes
qui changeront les lois qu'ils ont faites. Le
vieillard se dessaisit rarement des vieilles
idées et surtout de celles qui lui appartiennent. Une réforme nécessaire prend,
à ses yeux, le caractère d'une destruction
condamnable ; toute innovation lui paroît
dangereuse et criminelle ; il craindroit d'être
heureux par une vérité nouvelle ; aussi res-
te-t-il étranger pour les évènements de ses
vieux jours ; la révolution la plus complète
n'existe pas pour lui ; lorsque la succession ra-
pide et la différence absolue des idées sé-
parent de plus de deux siècles deux années
qui se suivent dans l'ordre des temps, il n'a
pas encor atteint la première de ces années ;
et jamais il ne vit parmi ses contemporains.

D'un

D'un autre côté, la jeunesse, naturellement prévenue contre tout ce qui est ancien, reçoit avec avidité les nouvelles idées, devance les évènements, prépare les révolutions, et même quelquefois les rend infructueuses, en prévenant leur maturité. Ainsi le vieillard, qui n'a que l'expérience du passé, est moins avancé que le jeune homme, tout plein du présent.

J'espère qu'on me dispensera de peindre ici les effets trop connus de cette diversité d'opinions. Je tire la conséquence de tout ceci. Le public, témoin des querelles de famille, en ignore presque toujours la véritable cause; l'accusateur, par sa seule qualité de père, subjugue l'opinion; le fils tremble de parler; et plus il est innocent, moins il ose se justifier. C'est donc aux nouvelles lois d'un peuple libre qu'il appartient de détruire les préjugés adroits du despotisme paternel. Cessons de condamner les enfants sans les entendre; ne leur faisons plus un crime de leurs plaintes, et soyons bien persuadés qu'il n'existe pas de devoirs sans le contrepoids des droits correspondants.

Enfin, ajoute-t-on, si vous imposez aux

pères des devoirs si rigoureux; si désor-
mais les enfants ont des droits à exercer,
tout citoyen redoutera la paternité, comme
le plus accablant de tous les impôts ; les
mariages deviendront extrêmement rares,
la population diminuera sans cesse. Mais
sans m'amuser à prouver la futilité de cette
objection puérile, qui croule de toutes parts,
et ne sauroit soutenir la discussion la plus
légère ; sans examiner si ce ne sont pas
deux idées absolument contradictoires que
celle d'un gouvernement libre et celle
d'un pays où la justice est nuisible à la
population , où des enfants , quelque
nombreux qu'ils puissent être , ne sont
pas sûrs de trouver , dans le travail
de leur père , leur subsistance avec la
sienne, et n'ont pas l'espoir certain d'une
prompte occupation pour eux-mêmes , j'ad-
mets, dans toute sa force , cette objection;
je suppose que la population se ressentira
de la loi que je sollicite, et je demande
quel si grand préjudice en peut résulter
pour la société. C'est une erreur grossière
que de penser qu'une excessive population soit un fort grand avantage pour un
état , il seroit très-malheureux que le sol

ne fût pas assez étendu pour nourrir tous les habitants, mais c'est le moindre des inconvénients que le nombre proportionnel des productions de la terre excède celui des consommateurs. Je sais bien que la population est quelquefois l'effet de la liberté ; mais jamais elle n'en peut être la cause ou le moyen. Lorsque je vois les tyrans les plus féroces, les ennemis les plus réfléchis de la liberté, encourager les mariages par des récompenses et des exemptions d'impôts, et proscrire le célibat par les peines les plus rigoureuses ; lorsque le pays du monde le plus populeux, la Chine n'offre à mes yeux qu'une pépinière d'esclaves, j'ai de fortes raisons de penser que la population est un des plus sûrs moyens du despotisme. En effet, si la disette menace, à chaque instant, les citoyens, si, toutes les fois qu'un seul ne travaille pas, un autre manque infailliblement de sa subsistance, le progrès des lumières, et les révolutions qui en sont la suite ne sont pas à craindre, et tous préfèrent le calme de l'esclavage aux orages de la liberté. Je ne serois donc pas effrayé, quand la population, je ne dis pas diminueroit, mais cesseroit de s'accroître parmi nous

Si je faisois un traité complet de la puissance paternelle, je donnerois plus de développement à ces idées préliminaires sur les DEVOIRS DES PARENTS et les DROITS DES ENFANTS. Mais il me suffira d'avoir établi que les enfants peuvent exiger de leurs parents, comme une dette sacrée, une éducation proportionnée à leurs moyens, analogue à leurs facultés intellectuelles, physiques et morales, et uniforme pour tous.

F I N.

De l'imprimerie D'URBAIN DOMERGUE, rue Saint-Thomas du Louvre, maison d'Orléans.